Bob Graham

Die Wildnis oder Eine Ente muß schwimmen

Aus dem Englischen von Ute Andresen

Otto Maier Ravensburg

Schau: Stefans Haus
auf dem Hügel
am Rande des Waldes.

Und da … die Wildnis.

Komm näher!

Das ist Stefan,
er liest spät nachts

im Licht eines Lämpchens,
das hockt auf seinem Buch
wie ein Insekt.

Seine Schwester heißt Marie.
Sie schläft
an der Bettkante.

Ihre Spieltiere drängeln.
Sie schlafen
mit offenen Augen.

Mutter und Vater schlafen fest in ihrem Bett.
Der Mond scheint sanft durch die Bäume, sein Licht füllt
das ganze Zimmer und malt Vaters Glatze bläulich an.

Komm noch näher! Das ist Rosi.
Sie hustet und schnarcht im Schlaf.
Sie ist alt und freundlich und muffelt wie ein Bär.

Molli ist jung und zappelig – sogar im Schlaf.
Ihre Vorderbeine zucken, wenn sie träumt,
sie jage Kaninchen und Schafe.

Die Ente schläft in ihrem eigenen Eimer,
warm im Stroh, aber etwas beengt.

Stefan liest „Kehr zurück in die Wildnis"
über einen Zoo-Löwen,
dem bringt man das Jagen bei
und setzt ihn dann in Afrika in der Steppe aus.

Morgens ist Ruschel fort, Stefans Kaninchen.
Durch ein Loch im Maschendraht
ist es in die Wildnis zurückgekehrt.

Und Hermann, sein Frosch,
ist auch zurückgekehrt
in die Wildnis,
über eine gläserne Wand
des Aquariums.

Zum Glück
schläft seine Schildkröte
wie ein Stein
in der Schublade.

Stefan macht sich Sorgen. Wie sollen seine Tierchen überleben?
„Wir nehmen die Hunde!
Die finden die Spur von Ruschel und Hermann."

Aber die Hunde können gar nicht gut Spuren lesen.
Der Wind weht, und Molli ist ganz ausgelassen,
springt die alte Rosi an und schnappt nach ihren Hinterbeinen.

„Das macht der Hütehund in ihr“, sagt Mama.
Denkt Molli denn, Rosi wäre ein Schaf?

Tief im Wald ist es friedlich und ruhig.
Es gibt Dickicht und Farnkraut und den Geruch von Füchsen,

woanders ist es still und kalt
und tief dunkelgrün,

und manchmal tropft es.

„Da oben sind sie nicht“,
sagt Stefan zu Marie.
„Sie klettern nicht auf Bäume.“
„Marie schaut sich nur
den Himmel an“, sagt Mama.

„Sie könnten eher
hier unten sein“,
sagt Stefan.
Aber da sind sie nicht.

Marie hat keine Lust mehr zum Suchen;
es gibt zuviel zu sehen, was sie interessiert.

„So wie dieser Hund herumtobt“, sagt Papa,
„bleibt kein Kaninchen oder Frosch in der Nähe.“
„Auch kein Schaf“, sagt Stefan.

Mama wirft Stöckchen für Molli.
Molli legt sie ihr naß und glatt vor die Füße.

Mit dem Mond steigt der Nebel auf.
Für wilde Tiere ist es sicher gemütlicher als für Familien.
Der ganze Suchtrupp kehrt zum Haus auf dem Hügel zurück.
„Schade, daß deine Tiere weg sind“, sagt Papa.

Schau durch das Fenster!
Rosi liegt auf ihrem Lieblingsplatz vor dem Feuer.
Ihr Fell dampft und muffelt.

Stefans Vater spielt
stundenlang mit Molli.
Er hängt voller Hundehaare.

Er stupst Molli
mit seiner blanken Glatze,
und sie kämpfen am Boden.

Dann setzt sich Molli
auf Rosis Kopf,
aber Rosi rührt sich nicht.

Die Ente mag nicht spielen.
Vater streckt ihr
seinen Kopf entgegen …

… und bekommt drei kräftige Schnabelhiebe.
Die Ente watschelt davon, die Flügel auf den Hüften.

Am nächsten Morgen gräbt sie in Rosis Fell nach irgendwas…

Dann duckt sie sich hinterhältig
und zwickt Stefans Mutter von hinten ins Bein.

Die Ente beherrscht alle im Garten.

Sie flattert am Zaun
mit ihren beschnittenen Flügeln.

Sie *muß*
irgendwo schwimmen.

Die Ente braucht mehr Auslauf, sie braucht Wildnis,

und die beginnt *hinter* dem Gartenzaun.

Es muß sein! – Stefan und seine Familie
packen die Ente in ihren Eimer

und bringen sie in den Park zum See.
Das ist zwar keine richtige Wildnis, aber Stefan weiß,

daß Füchse dort nachts in den Abfallkörben stöbern.
Ein bißchen wie eine Wildnis ist der Park doch.

Stefan würde am liebsten die Ente wie ein Boot
an einer Schnur schwimmen lassen und wieder mitnehmen.
Aber das geht leider nicht.

Er muß die Ente in die Freiheit entlassen.

Und die Familie kehrt zum Haus auf dem Hügel zurück.

Stefan liegt mit dem Buch im Bett und malt sich aus,
wie Ruschel und Hermann ihre Freiheit genießen.

Ob sie sich
mit der Ente treffen?
Ob sie Futter finden?

Oder müssen sie erst lernen –
– wie der Löwe im Buch –
für sich selber zu sorgen?

Molli schläft bei Marie.
Sie träumt,
sie jage Schafe.

Mutter und Vater
schlafen fest.
Vater hat rote Spuren
auf der Glatze.

Rosi dampft und muffelt vor dem sterbenden Feuer.
Sie wird niemals fortgehen.

Das kleine Licht in Stefans Zimmer erlischt.

Ravensburger Ringelfant

1 2 3 4 92 91 90 89 88

Erstmals 1988 in der Reihe Ravensburger Ringelfant
Lizenzausgabe mit Genehmigung des Verlages Lothian Publishing Company PTY LTD, Melbourne

Originaltitel der australischen Ausgabe: The Wild
Umschlaggestaltung: Kirsch & Korn, Tettnang,
unter Verwendung eines Originalbildes von Bob Graham
Redaktion: Gerlinde Wiencirz

Printed in Italy · ISBN 3-473-33699-8